Rettung der korfiotischen Esel

Waltraud Lederer

Rettung der korfiotischen Esel

Corfu Donkey Rescue
Neue Heimat der vernachlässigten und alten Esel

Bibliografische Information der Deutschen Nationalbibliothek:
Die Deutsche Nationalbibliothek verzeichnet diese Publikation in der
Deutschen Nationalbibliografie; detaillierte bibliografische Daten
sind im Internet über http://dnb.dnb.de abrufbar.

Illustration: Waltraud Lederer

Herstellung und Verlag: BoD – Books on Demand, Norderstedt
ISBN: 978-3-7357-4313-8

Für Judy Quinn
Gründerin von Corfu Donkey Rescue,
ohne die es dieses wunderbare Projekt nicht gäbe.

Danke Judy

Vorwort

Mit meinem Buch möchte ich alle Tierfreunde ermuntern, selbst einmal als Volontär/in tätig zu sein. Oft glaubt man, alles wäre so kompliziert – die Anmeldung und die Organisation. Bei Corfu Donkey Rescue (CDR) ist alles ganz einfach.

Was meine Aufgaben bei CDR waren und welche Erfahrungen ich sammeln konnte, möchte ich auf den nächsten Seiten schildern.

Beginnen möchte ich mit ein paar Sätzen zum korfiotischen Esel und der Zielsetzung von CDR.

Waltraud Lederer

Gründe für die Misere der korfiotischen Esel

Der korfiotische Esel diente hauptsächlich als Transportmittel für Menschen oder musste saisonal als Lasttier bei der Olivenernte schwere Arbeit verrichten. Die Situation für die Esel verschlimmerte sich aufgrund ihrer geringen Größe, das wenige Wissen der Menschen über deren Bedürfnisse, richtige Fütterung und der schlechten medizinischen Versorgung der Tiere. Selbst der korfiotische Sattel, Samara genannt, war so schlecht konstruiert, dass er bereits bei jungen Eseln dauerhafte Schäden verursachte.

Im Zuge der Technisierung verlor der Esel als Arbeitstier in der Landwirtschaft immer mehr an Bedeutung, nicht nur auf Korfu, sondern in ganz Griechenland. Dies ließ die Esel immer wertloser werden. In den Augen der Besitzer taugten sie nur noch als Schlachtvieh zum Export in die Schlachthöfe nach Italien. Diese wurden mit wenig Rücksicht auf das Wohlbefinden der Tiere durchgeführt.

Corfu Donkey Rescues Hauptaufgabe der letzten Jahre war es, diese Transporte zu verhindern, indem die alten, verletzten und kranken Esel in der Eselstation aufgenommen wurden. CDR ist der Überzeugung, dass Esel nach oft 20-jähriger harter Arbeit einen glücklichen und artgerechten Lebensabend verdient haben.

Ein Esel darf nur 20% seines Körpergewichts tragen. Wird darauf nicht geachtet, kommt es zu dauerhaften Schäden.

Das Eigengewicht des Packsattels muss ebenfalls berücksichtigt werden.

Zielsetzung von Corfu Donkey Rescue

CDR wurde 2004 von der Engländerin Judy Quinn, die seit einigen Jahren auf der Insel lebt, gegründet und hat sich als Rettungsstation Folgendes zum Ziel gesetzt:

- den Alten einen sicheren und glücklichen Lebensabend zu geben
- den Kranken eine Chance auf Heilung
- den Verletzten eine Chance auf Erholung
- den Vernachlässigten das Gefühl von Sicherheit zurückzugeben
- allen ein besseres Leben zu ermöglichen

Durch CDRs Hilfe konnten die Schlachthoftransporte von Korfu nach Italien effektiv gestoppt werden.

Ohne die Mithilfe von Freiwilligen wäre CDR nicht so erfolgreich.

Veterinärstudenten sind immer willkommen ihr Praxissemester zu absolvieren. Über Volontäre, die konkrete Hilfe leisten, freut man sich das ganze Jahr.

Ein Lebensabend mit Artgenossen befreit von Angst und Sorgen

Ausreichend zu fressen

Einen sicheren und bequemen Platz, um die Nacht zu verbringen

Sommer wie Winter ein Dach über dem Kopf

Wer bin ich?

Mein Name ist Waltraud Lederer. Ich bin Wirtschaftsfachwirtin und arbeite im Controlling. Zuhause bin ich im schönen Bayern.

Esel sind meine Leidenschaft. Ich nehme gerne an Eseltrekking teil, weil es für mich nichts Schöneres gibt, als mit einem Langohr die Natur zu erkunden.

Im August 2012 hatte ich in meinem Urlaub zwei Wochen ehrenamtlich auf einem Gnadenhof in Österreich im Eselhaus gearbeitet. Seitdem kann ich mir ein Leben ohne diese liebenswerten Geschöpfe nicht mehr vorstellen. Akis, meine Pateneselin, hatte mich in diesen zwei Wochen adoptiert (nicht umgekehrt ☺). Seitdem helfe ich alle 4 Wochen einen Samstag auf Akis Gnadenhof.

Akis ist eine griechische Eselin, die Ostersonntag 2008 mit einer Gruppe Esel durch Corfu Donkey Rescue nach Österreich vermittelt wurde. Letztes Jahr wollte ich mehr über Akis Herkunft, ihre Wurzeln wissen und habe nach CDR im Internet gegoogelt. Allein schon die Internetseite hat mich berührt. Judy Quinn, eine gebürtige Engländerin, gründet in Griechenland ein Eseltierheim!

Es ist in Deutschland schon nicht einfach, einen Gnadenhof zu errichten, aber in südlichen Ländern hat man mit viel mehr Schwierigkeiten zu kämpfen. Tierschutz in Griechenland hat nicht den gleichen Stellenwert wie in Deutschland. Ein Esel ist dort nur ein Arbeitstier.

Haben Sie gewusst, dass Esel lächeln können? Nein? Akis kann wunderschön lächeln.

AKIS

Mitarbeit bei CDR ohne Bürokratie

Die viersprachige CDR-Homepage (Deutsch, Englisch, Niederländisch und Griechisch) zeigt unter der Rubrik „Ehrenamtliche Mitarbeit" alle Infos auf, die man benötigt.

Eselerfahrung ist keine Voraussetzung, jedoch der Wille zu lernen und tüchtig mit anzupacken. Auf dem Eselhof wird nur Englisch gesprochen, darum sollten Englischkenntnisse vorhanden sein.

Die tägliche Arbeit wird wie folgt beschrieben:

- Fütterung
- Wasserversorgung
- Reinigung der Ställe und des Geländes
- Routinearbeiten für die Esel, Hunde und Katzen
- Bürsten/Fellpflege
- Beschäftigung mit den Eseln
- Spaziergänge mit dem einen oder anderen Esel
- Besucher-Führungen

Im Hospital/Behandlungsstall werden Studenten und Auszubildende in Erste-Hilfe-Maßnahmen und in die tägliche Grundversorgung der Tiere eingewiesen. Interessierte Volontäre sind dabei ebenfalls willkommen um zu lernen, damit sie im Gegenzug möglichst vielen Menschen erzählen, was Esel wirklich brauchen.

Informationen bzgl. Direktflüge nach Korfu, sowie die Entfernung mit Wegbeschreibung vom Flughafen zu CDR sind ebenfalls nachlesbar.

Für ehrenamtliche Mitarbeiter und Studenten hat CDR mit der Pension „The Achilleas" Spezialpreise vereinbart. Ein einfaches Zimmer mit Dusche/WC und Fernseher plus Mitbenutzung einer Gemeinschaftsküche kostet nur 70 € die Woche, ein Doppelzimmer 105 €. Das Buchen des Pensionszimmers nimmt CDR im Namen des Volontärs vor. Auch komfortablere Hotelzimmer können vergünstigt angemietet werden.

CDR hat mit einem Taxiunternehmen Festpreise für die Flughafenfahrten verhandelt. Hier genügt es einen Tag vor Anreise eine SMS zu senden, auf CDR zu verweisen, Ankunftszeit und Flug-Nr. zu nennen, dann wird man am Flughafen mit einem Namensschild erwartet.

Pension The Achilleas

Obwohl die Pension in der Nähe des Tierheims liegt, ist CDR bei Anmietung für Motorroller oder Fahrräder zu vergünstigten Konditionen behilflich. Volontäre können dadurch in ihrer Freizeit die wunderschöne Lage erkunden. Zusätzlich erhält man in einer örtlichen Taverne Rabatt auf hervorragendes Essen.

Wer sich dann zu einer Mitarbeit entscheidet, braucht nur noch das Formular für „Ehrenamtliche" oder für „Studenten" herunterzuladen, es auszufüllen und zurückzusenden. Mehr ist nicht zu tun.

Hat man dann doch noch die eine oder andere Frage, schreibt man einfach eine Email und erhält eine freundliche Antwort.

Taverna Elizabeth – Rabatt für CDR-Studenten und Volontäre

In der Freizeit die wunderschöne Lage erkunden

Wie ging es nach der Anmeldung weiter?

CDR sandte mir eine Bestätigung und teilte mir mit, dass man sich auf mich freue. Ich erhielt nochmals eine kurze Beschreibung, wie ein typischer Arbeitstag bei den Eseln abläuft.

Eigentlich bin ich kein Freund von Facebook, aber ich hatte dort zwei offene Gruppen von Corfu Donkey Rescue gefunden – eine deutsche und eine internationale Gruppe. Zuerst hatte ich zwei Wochen lang nur gelesen, weil hier viel Aktuelles über CDR zu erfahren war. Innerhalb dieser zwei Wochen bemerkte ich unter den „Schreibenden" eine Harmonie und einen Zusammenhalt, weshalb ich gerne der Gruppe beitrat.

Das Schöne an der Gruppe ist, dass jeder die gleichen Interessen hat, dass es den Eseln gut geht und dass alle helfen wollen. So teilte eine CDR-Mitarbeiterin mit, dass ein bestimmtes Medikament in Griechenland nicht erhältlich ist und fragte, ob jemand ein Päckchen spenden könnte. Ein Gruppenmitglied, das oft zu CDR fährt, ließ wissen, man könne es ihr schicken, sie nehme es mit. Das spare Auslands-Versandkosten. So hilft sich die Gruppe untereinander.

Viele haben auch einen Patenesel bei CDR. Da ist es natürlich besonders schön, wenn man über Facebook ein aktuelles Foto sieht und Infos erfährt.

Andere basteln und stellen die Werke auf einen Flohmarkt ein, dessen Erlös an CDR geht.

Der Zusammenhalt der CDR-Freunde

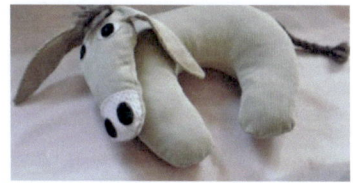

So schöne Sachen werden gebastelt, der Erlös geht an CDR

Infos aus dem Eselhof werden mitgeteilt, z.B:

Nachricht von Judy: „Das ist unser Neuzugang Amalia..."

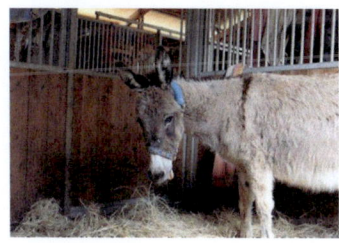

Es waren schon einige aus der Facebook-Gruppe bei CDR und alle erzählten begeistert davon. Es hieß, wer einmal dort war, kommt immer wieder.

Ich hatte dann der Gruppe mitgeteilt, dass auch ich für zwei Wochen zu CDR reisen werde, um als Volontärin zu helfen. Man freute sich mit mir und ich bekam viel positive Resonanz.

Je näher mein Abflugtermin kam, desto aufgeregter wurde ich. Nicht aus dem Grund, weil ich nicht wusste, was auf mich zukam. Davon hatte ich eine ziemlich klare Vorstellung. Der Grund war pure Vorfreude. An dieser Vorfreude wollte ich die anderen teilhaben lassen und postete ein selbstgezeichnetes Bild, das zeigte, wie ich mir meine Reise vorstellte.

Am 24. Mai 2014 war es dann so weit, ich flog nach Korfu zu

Corfu Donkey Rescue

Zwei Wochen ehrenamtliche Mitarbeit im Tierschutz, wie schön das war, welche Aufgaben ich zu erledigen hatte, das möchte ich auf den folgenden Seiten zeigen.

Koffer voller Streichel-
einheiten für: Mithi
Cloud Coolie
Morgan Ziggy Atia Wic
Aris Mandou Anzio Siren
Anleta Dina Christos
Sorahi Hansel Hawey Irithia
Iraklios Circa
und viele mehr...

Grüße der ausgewanderten
griechischen Esel
Allis, Etsi, Silla,
Kiriaki, Mouse
und Batis

CORFU
CORFU

Ticket Corfu

Aris Ball

CDR
Corfu
Donkey
Rescue

Am Ziel!

Erste und wichtigste Aufgabe jeden Morgen bei Arbeitsbeginn

Ältere Esel oder Esel mit Handicap können alleine nicht aufstehen. Man kann sie beim Aufstehen unterstützen, indem man ihnen zu zweit eine Decke unter den Bauch zieht und rechts und links vom Esel gleichzeitig anhebt. Je nach Verfassung hilft der Esel dann beim Aufstehen mit. Bei sehr schwachen Tieren unterstützt man den Esel zu viert.

Steht der Esel dann auf den Beinen, wird er mit dem Tuch so lange gestützt, bis er sicher stehen kann. Anschließend kann der Esel meist den ganzen Tag problemlos umher spazieren.

Es ist wichtig, dass dies die erste Aufgabe am Morgen ist, da der Esel sonst immer wieder versucht, selbst aufzustehen und sich dadurch wund scheuert. Diese Routine gibt dem Esel Sicherheit und Vertrauen und lässt ihn entspannt warten, bis ihm geholfen wird.

Bei CDR hat diese wichtige Aufgabe Priorität. Täglich hatten wir gemeinsam erst den Eseln geholfen, danach konnte jeder seinen weiteren Aufgaben nachgehen.

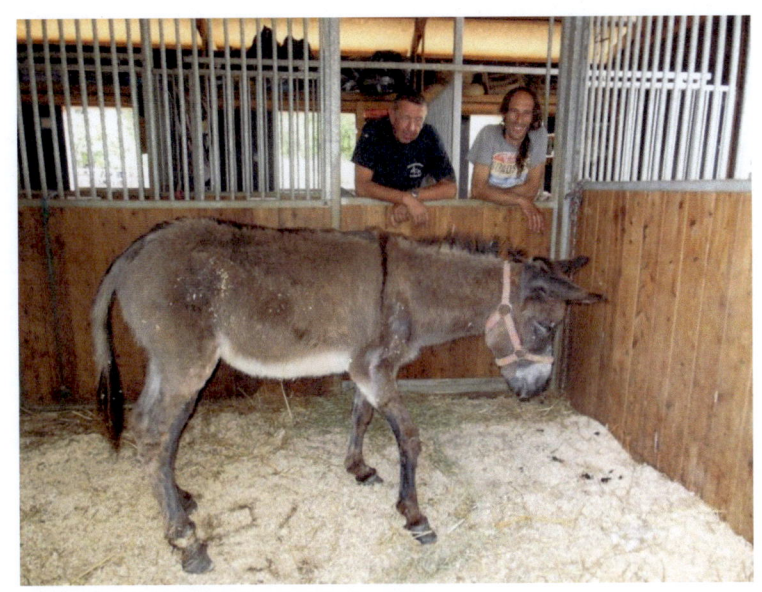

Gemeinsam wurde den Eseln bei Bedarf beim Aufstehen geholfen

Fütterung

Morgens begann die Fütterung um 09:00 Uhr und abends um 16:00 Uhr. Für jeden Esel gab es einen Futterplan, nachdem der Mitarbeiter das Futter mischte und ggf. die Medizin darunter verteilte. Damit jeder Esel das ihm angedachte Futter mit der richtigen Medizin erhielt, haben wir sie vorher an Leinen, die über das Grundstück verteilt waren, angehängt. Die Esel trödelten schon immer zur richtigen Zeit wartend vor den Leinen umher.

Erst wenn jeder Esel seinen Futtertrog leer gefressen hatte, wurden sie wieder abgeleint. Hatte einer seinen Trog nicht geleert, wurde er einem CDR-Mitarbeiter gemeldet und der Futterrest gezeigt. Esel leiden still und jammern nicht, wenn Ihnen etwas fehlt. Frisst ein Esel nicht auf, ist dies ein Hinweis, ihn zu beobachten, ob ihm etwas fehlt.

Waren alle Esel wieder abgeleint, wurde Trifili (Heu- und Grasgemisch) mit dem Schubkarren verteilt. Zuerst in die großen Behälter, dann in Häufchen auf dem Gelände, damit jeder Esel einen Platz fand und kein Futterneid entstand.

Für alle die genaue Futtermenge und die richtige Medizin

Warten auf Trifili

Futtertröge waschen, Wassertröge füllen

Nach der Fütterung wurden alle Futtertröge gewaschen und mit einer Bürste Futterreste und evtl. Verunreinigung vom Boden entfernt.

An mehreren Stellen der Anlage standen für die Tiere große Wassertröge. Die Wassertröge wurden entleert, gesäubert und per Schlauch wieder aufgefüllt. Auch die Wassereimer in den Stallboxen wurden entleert, ausgespült und neu gefüllt.

Reinigung der Futtertröge

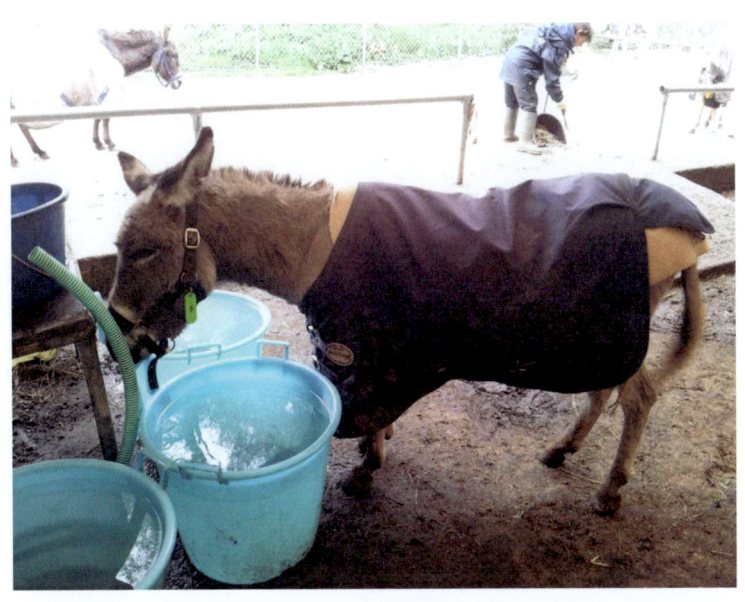

Wassertröge wurden mit frischem Wasser gefüllt

Wundversorgung

Viele Esel kommen verletzt zur Eselstation. Es kann lange dauern, bis die Wunden verheilt sind. Die Wundversorgung wurde durch CDR-Mitarbeiter oder Medizinstudenten durchgeführt. Anschließend wurden neue Verbände angebracht. Interessierte Volontäre erhielten Erklärungen und konnten assistieren.

Den Eseln wurden „Hosen" angezogen, um die Fliegen von den Verbänden fernzuhalten.

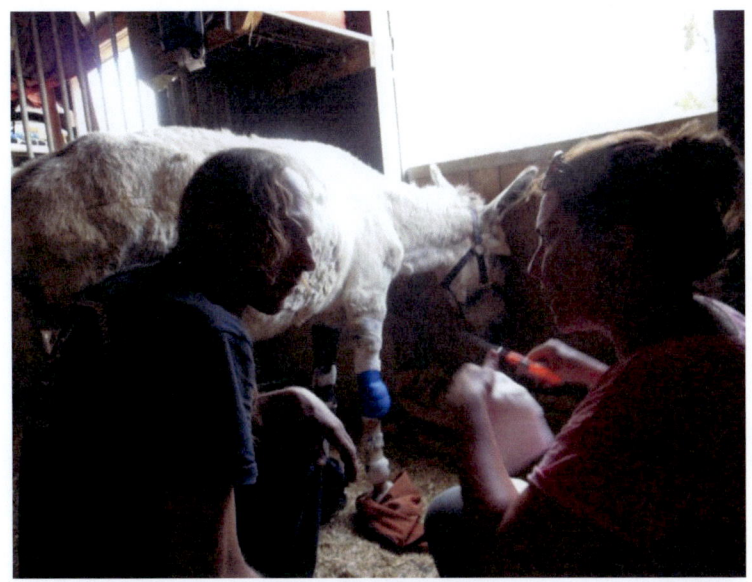

Verbandswechsel

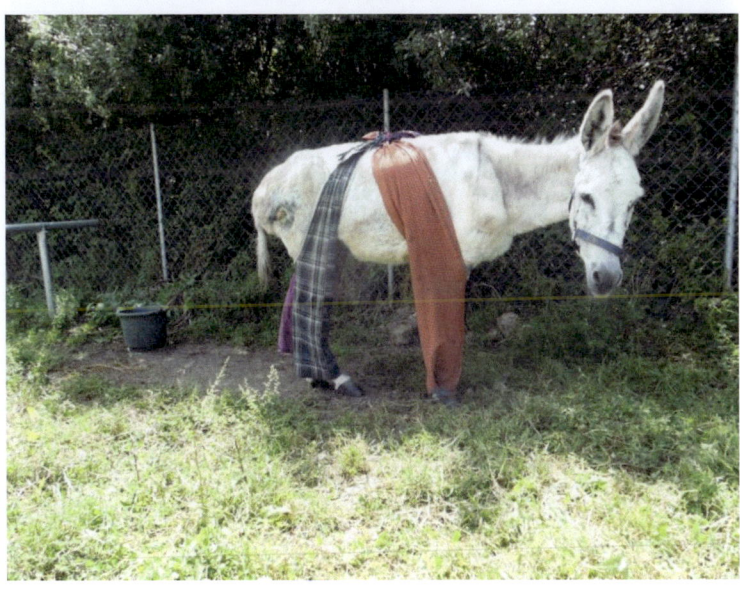

„Hosen" schützten die Verbände

Untersuchung neu angekommener Esel

Neu angekommene Esel wurden gründlich auf Verletzungen und/oder Krankheitsbeschwerden untersucht. Anschließend wurde ein Futter- und Behandlungsplan erstellt.

Ankunft eines neuen Esels – Kontrolle der Hufe

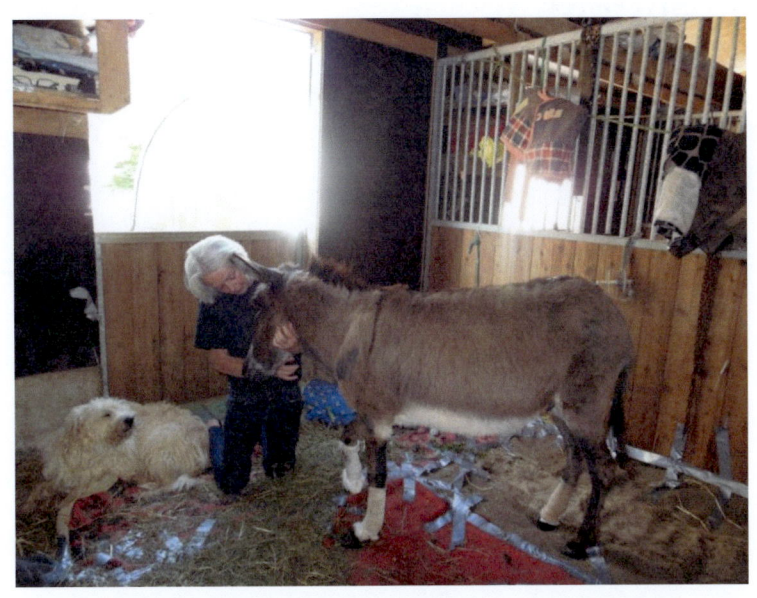

Gesundheitscheck nach Ankunft auf CDR

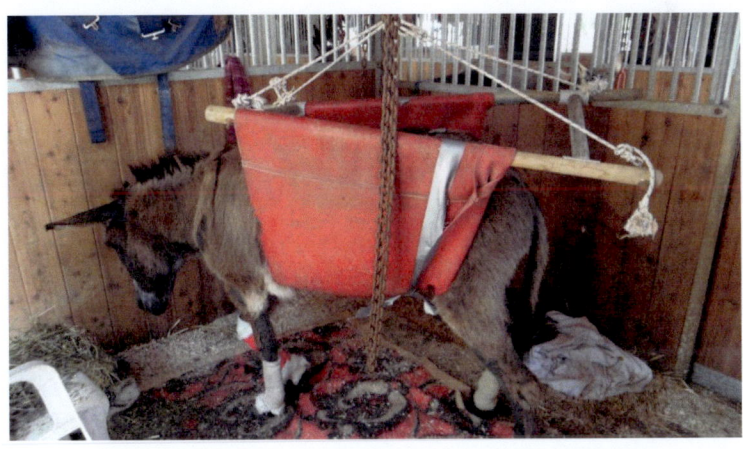

Der verletzte Esel bekam eine Stehhilfe, um besser atmen zu können

Ställe ausmisten

Hier gab es viel zu tun. Täglich wurden die Behandlungsställe, das große Eselzelt, die Ställe der blinden Eselchen sowie die Pferdeboxen gründlich ausgemistet.

Eseläpfel und Hundehaufen einsammeln

Eseläpfel wurden jeden Tag beseitigt. Das komplette Gelände wurde mit einer Sackkarre abgegangen, um die Eseläpfel mit einem Bollensammler einzusammeln. Diese wurden in einem Dünger-Gewebesack gelagert. Eseläpfel sind ein beliebter Dünger und werden bei CDR abgeholt.

Exkurs Eselmist:
Eselmist ist einer der besten natürlichen Dünger. Werden Esel überwiegend mit Heu, Stroh, Gras und Holz gefüttert, gibt dies einen ausgesprochen stickstoffarmen Mist, der die Pflanzen nicht verbrennt. So ist Eselmist ein idealer Dünger für Beerenobst und Rosen. Er ist aber auch als Grunddünger für alle anderen Bereiche des Gartens bestens geeignet.

Die Hundehaufen wurden ebenfalls täglich eingesammelt, aber separat, da diese entsorgt wurden.

Das komplette Gelände wurde abgegangen, um die Eseläpfel aufzusammeln

Huf- und Fellpflege

Das Auskratzen der Hufe ist ebenfalls eine wichtige Tätigkeit. Mit dem Hufkratzer entfernt man Dreck und Steine aus den Hufen. Eingetretene Steine verursachen dem Esel beim Gehen Schmerzen.

Ein CDR-Mitarbeiter erklärte uns die Technik des Auskratzens. Ich hatte bereits reichlich Erfahrung im Hufe auskratzen und konnte gleich beginnen.

Esel genießen die Fellpflege, die auch den Fellwechsel unterstützt. Wurde ein Esel gebürstet, kam gleich ein anderer, um mit „Kopfstupsen" auf sich aufmerksam zu machen.

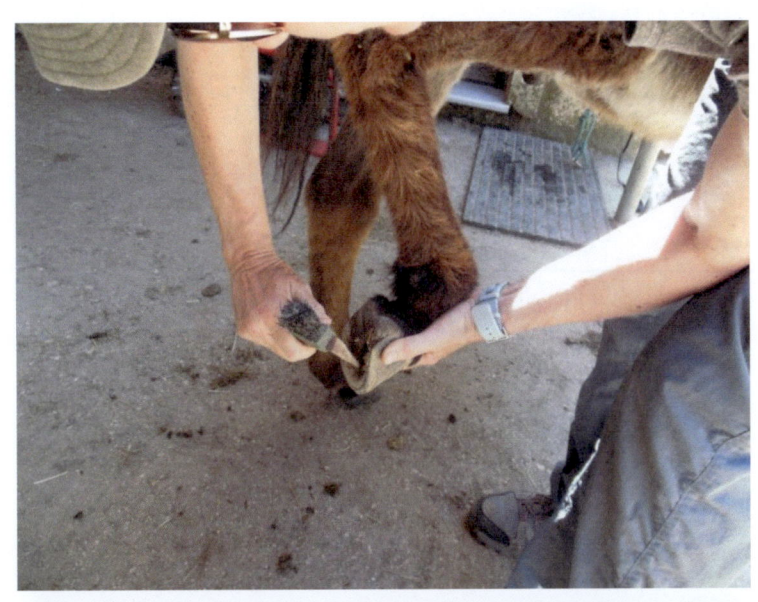

Körperpflege

Auch in Bezug auf Körperpflege gab es einiges zu tun.

Esel mit kahlen Hautstellen benötigten einen Sonnenschutz. Dazu wurde eine natürliche Lehmmasse auf die kahlen Stellen gepinselt.

Esel-Augen brauchen ebenfalls Pflege. Mit einem speziellen Kosmetikfeuchttuch reinigte ich die Augenränder.

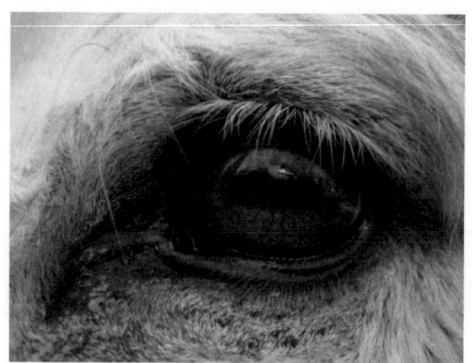

Auftragen von Naturlehm als Sonnenschutz der kahlen Stellen

Säuberung der Augenränder

Für das Wohlbefinden

Esel sind Genießer – sie lieben Massagen und halten dabei ganz andächtig still.

Am Ohr befinden sich viele Akupressur-Punkte, die andere Körperteile beeinflussen. Diese Punkte zu stimulieren wirkt sich positiv auf das Immunsystem aus. Die Arbeit am Ohransatz wirkt auf den Meridian, der Verdauung und Atmung beeinflusst.

Zur Entspannung der Esel wandern bei der Körpermassage Zeige- und Mittelfinger mit leichtem Druck über den Körper, der Daumen wird dabei nur nachgezogen.

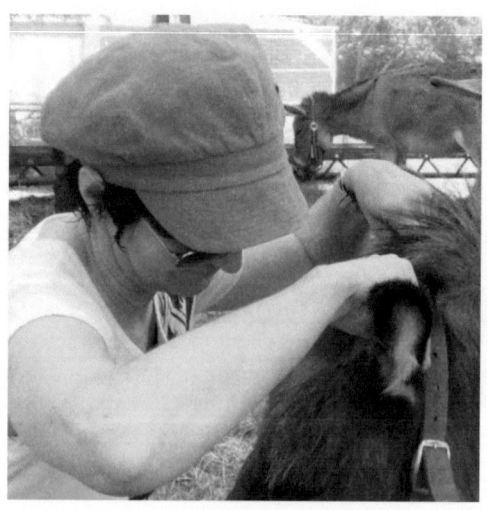

Dina, die blinde Eselin, genoss die Massagen besonders. An meinem letzten Tag hatte ich mich vor der Abendfütterung mit einer halbstündigen Massage von ihr verabschiedet (sie ist meine Pateneselin). Eigentlich wollte ich dann nicht mehr zu ihr gehen, weil Abschiede so schwer sind. Allerdings hatte ich nicht damit gerechnet, dass Dina so gut hört.

Es kam noch ein deutsches Urlauberpaar, das ich durch die Eselstation führte. Dina war am anderen Ende des Areals der blinden Eselchen und ich stand mit den Besuchern davor und erzählte etwas über Esel. Dina hörte meine Stimme, stellte die Ohren auf, marschierte der Stimme orientierend auf mich zu und blieb vor mir stehen.
Die blinden Esel kennen ihr Gelände genau und genießen es, sich darin frei zu bewegen.

Besucherführungen

Eine weitere Aufgabe waren Besucherführungen. Täglich können Besucher den Eselhof bei freiem Eintritt in der Zeit von 10:00 Uhr bis 17:00 Uhr besichtigen.

Den Besuchern wurde das gesamte Gelände gezeigt und die Aufgaben und Ziele von CDR erklärt. Es ist wichtig, dass Besucher Informationen über Esel erhalten, was gut und was schlecht für sie ist. Je mehr Menschen über die Eselhaltung aufgeklärt werden, wie man mit ihnen richtig umgeht, was sie brauchen, was unbedingt vermieden werden soll, und dieses Wissen möglichst vielen Menschen weiter geben, umso besser wird das Leben der Esel werden.

Damit die Besucher die liebenswerten Tiere noch besser kennen lernen konnten, wurde ihnen das Bürsten der Esel oder auch das Spazierengehen mit einem Esel angeboten.

Besucher bürsteten Esel...

...oder machten mit ihnen einen Spaziergang

Pferde

Normalerweise nimmt CDR keine Pferde, aber beim Anblick dieses Ponys im August 2012 konnte man einfach nicht nein sagen. Nach fünf Monaten „aufpäppeln" hatte sich Elafri sehr gut erholt.

Die tägliche Ponyarbeit beinhaltete Füttern, auf die Weide bringen, Wasser austauschen, Stall ausmisten, Körperpflege.

Auf dem Weg zur Weide

Hunde

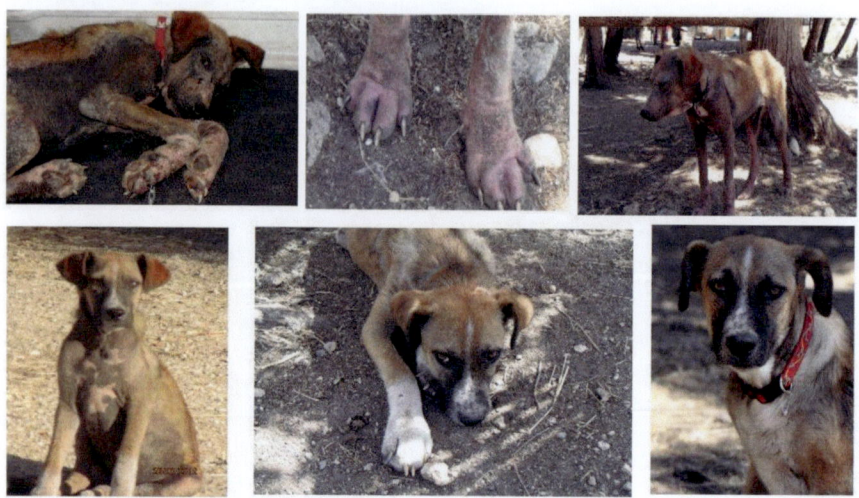

Zwei Beispiele die zeigen, welche wertvolle Arbeit CDR auch für die ungewollten Hunde leistet. Beide Male hat sich ein Häufchen Elend zu einem wunderschönen Hund erholt.

Zu den täglichen Hundearbeiten gehörten Spaziergänge, Fütterung, bei Bedarf Medikamentengabe, das Einsammeln der Hundehaufen und das Verteilen vieler Streicheleinheiten.

Welpen

Momente des Glücks

Das war eines meiner schönsten Erlebnisse bei CDR: Eine Tierfreundin aus Deutschland hatte diesem Welpen ein neues Zuhause gegeben.

Kleintiere

In einem Kleintiergehege hatte ich

- zwei Kaninchen
- eine Henne
- einen Truthahn
- und zwei Katzen

zu versorgen. Die Katzen konnten über einen Katzenausgang hinaus und verbrachten ihre Zeit gerne auf dem Dach. Dieses nutzten sie als Hängematte.

Im Kleintiergehege wurde morgens und abends gefüttert, das Wasser ausgewechselt und mit einem Rechen gereinigt. Waren die Dächer der vier Tierhäuschen verschmutzt, wurden diese mit Wasser und Bürste gesäubert.

Die Kaninchen erhielten zusätzlich zu ihrem Futter Gras, Löwenzahn und Blumenblüten, die beim Hundespaziergang gepflückt wurden.

Zum Schluss wurde nachgesehen, ob die Henne ein Ei gelegt hatte.

Die Henne kuschelte sich zum Schlafen gerne an den Truthahn. Es war schön anzusehen, wie Kaninchen, Henne, Truthahn und Katzen sich untereinander verstanden.

Katzen

Katzen genießen bei CDR ihre Freiheit, kehren aber nach ihren Ausflügen immer an ihre Plätze zurück. Diese befanden sich im Kleintiergehege, in der Tierküche und in einem Wohnwagen.

Die Katzen wurden ebenfalls zweimal täglich gefüttert und erhielten ihr Frischwasser.

Zusätzlich kümmerte ich mich um eine Katzenfutterstation vor dem CDR-Eingang, die für Katzen errichtet wurde, die nicht in das Gelände wollen. Eine dieser Katzen saß gerne auf einem Baum vor dem Eingang. Sie begrüßte mich jeden Morgen miauend, betrat aber das Gelände nicht. Ihr Fressen holte sie sich aus dieser Futterstation.

Katzen fanden auch immer die kuriosesten Plätze zum Ausruhen. Ihre Streicheleinheiten holten sie sich regelmäßig in den Pausenzeiten, indem sie sich einfach zu uns bzw. auf uns setzen.

Keine Pause ohne Tiere ☺

Harmonie und Mitgefühl unter den Tieren

Bei CDR leben Esel, Pferde, Hunde und Katzen harmonisch miteinander. Mehr noch, sie empfinden Mitgefühl, wenn es einem anderen Tier schlecht geht. Es scheint, als ob sich die Hunde und Katzen für die Esel „verantwortlich fühlen". Bei kranken oder verletzten Eseln sieht man meist einen Hund oder eine Katze.

Hier saß Schmoo nach Ankunft eines verletzten Esels in dessen Box.

Diese Katze hielt bei einem Esel Krankenwache

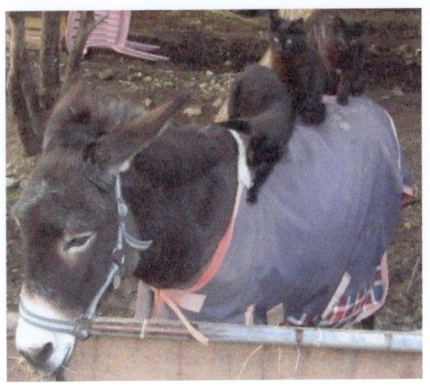

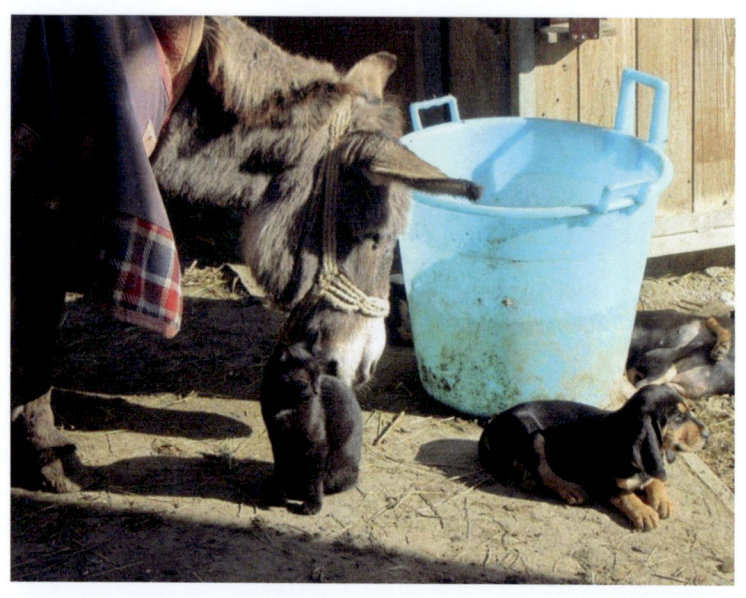

Geduldig ließ der Esel die Welpen gewähren

Kuschelige Eselrücken

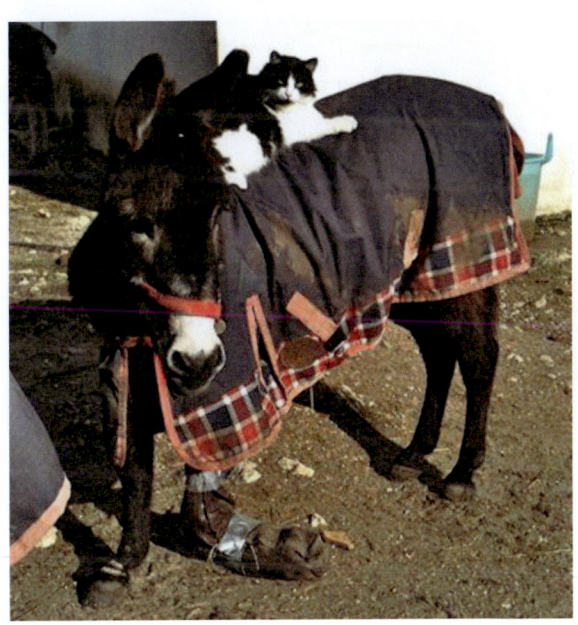

Teamarbeit

CDR-Mitarbeiter, ehrenamtliche Helfer aus Griechenland und Volontäre aus diversen Ländern. Es treffen verschiedene Nationen mit unterschiedlichen Mentalitäten zusammen, aber sie haben alle eine Gemeinsamkeit: **Tierliebe und den Wunsch zu helfen.**

Gearbeitet wird immer Hand in Hand und das Wissen wird von einem Volontär zum nächsten weitergegeben, um die CDR-Mitarbeiter bei der Einarbeitung neuer Helfer zu unterstützen.

Fazit

Am Eingang zum Behandlungsstall hängt ein einfaches DIN A 4 Blatt mit folgendem Zitat:

We can do no great things, only small things with great love
Mutter Teresa

Dieses Zitat beschreibt genau die Arbeits- und Denkweise von CDR. CDR hat wenig Geld, gibt den Tieren jedoch jede Menge Liebe. Hier steht das Wohlbefinden des Tieres absolut im Mittelpunkt. Ich habe in diesen zwei Wochen in allen Tierbereichen gearbeitet (Kleintiere, Pferde, Hunde, Katzen, Esel) und es hat mich tief beeindruckt, wie liebevoll mit den Tieren umgegangen wird.

Besucher, mit denen ich Rundgänge über den Eselhof machte, sagten auch immer wieder, was für eine tolle Arbeit hier geleistet wird.

Mich hat die Arbeit bei CDR überzeugt. Ich bin zwar traurig zurückgeflogen, weil die 14 Tage im Nu vorbei waren, aber mit einem guten Gefühl weil ich wusste, dass alles für die Tiere getan wird.

Und es stimmt wirklich: Wer einmal da war, kommt wieder. Ich habe meine zwei Wochen für nächstes Jahr schon gebucht. Diesmal im Februar, um auch einen Wintereinsatz kennenzulernen.

Wer sich im Tierschutz engagieren möchte, dem kann ich nur empfehlen, auch einen Teil vom Jahresurlaub „zu spenden" und bei CDR aktiv mitzuarbeiten, um zu sehen, was alles möglich ist.

Nicht alle haben die Möglichkeit, zwei Wochen vom Jahresurlaub abzugehen. Empfehlenswert wäre auf alle Fälle, bei einem Korfu-Urlaub CDR zu besuchen, um sich alles anzuschauen. Der Weg zum Eselhof zweigt von der Hauptstraße zwischen Korfu-Stadt und Palaiokastritsa ab. Dort dann einfach den Hinweisschildern folgen.

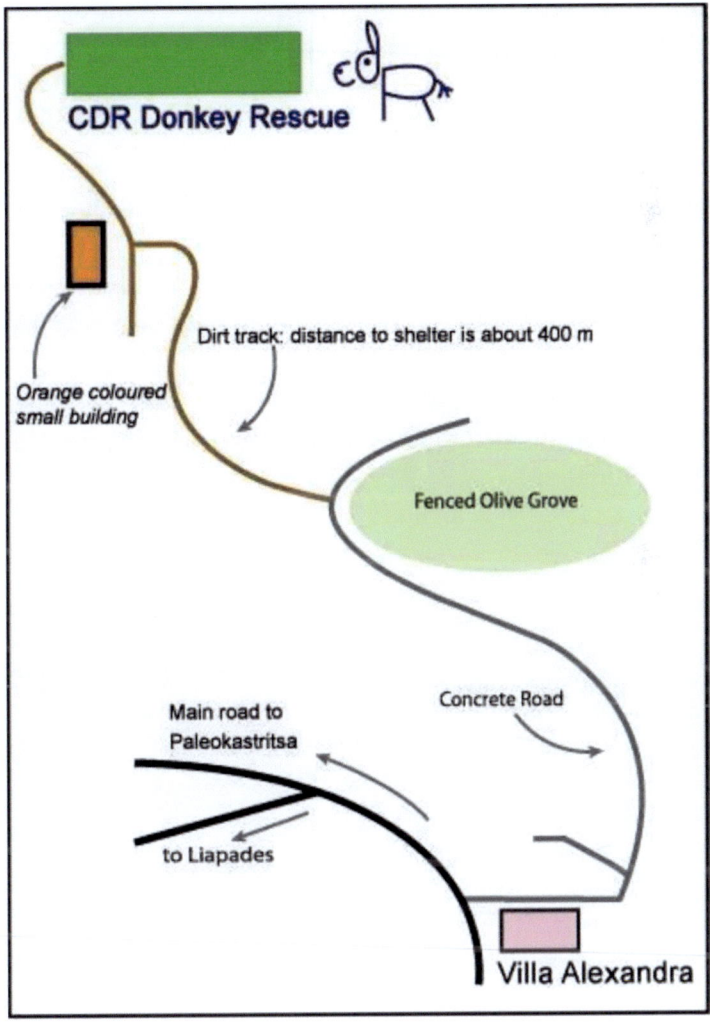

Esel-Adoption

Die Adoption eines Esels bietet die Möglichkeit, auch allen anderen Eseln im Tierheim zu helfen. Damit hat man auch einen persönlicheren Kontakt zu einem ausgesuchten Esel, man erhält eine Adoptionsurkunde sowie Nachrichten (in verschiedenen Sprachen), wie es dem Eselchen geht.

Die Kosten betragen 90 Euro oder 76 GBP Sterling im Jahr.

Weitere Informationen zur Adoption (Bezahlung, Kontoverbindung usw.) entnehmen Sie bitte der Homepage **www.corfu-donkeys.com**

Der schönste Weg ist natürlich, „seinen" Esel vor Ort selbst auszusuchen. Ich möchte Ihnen auf der nächsten Seite ein paar der ca. 60 Esel vorstellen:

Calimero

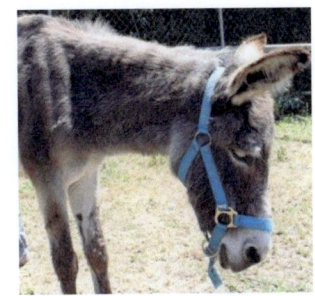

Dina

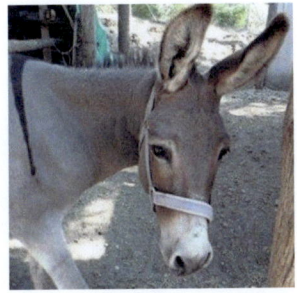

Ciglia

Hancy

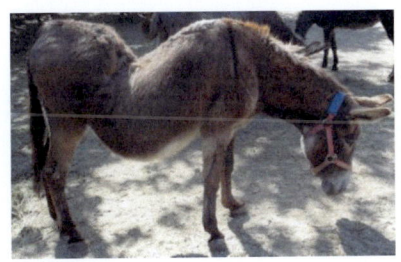

Cookie

Amalia

Irithia

Kaluha

Tequilla

Tonika

Artemis

Kithi

Lente

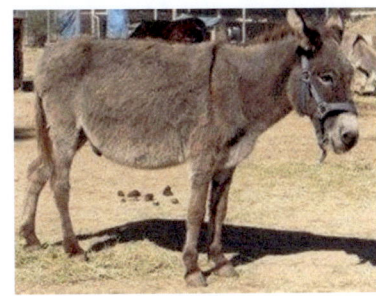

Titch

Xara

Zante

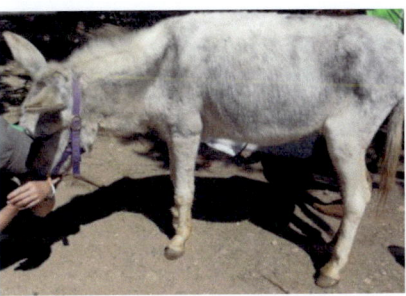

Zachari alias „Zac"

Sie möchten CDR mit einer Spende unterstützen?

CDR freut sich über jede Spende, egal wie klein sie ist.

Für Zahlungen in **Deutschland** bitte folgendes Konto verwenden:
Sparkasse Berchtesgadener Land
Name: Dagmar Lohrenz
IBAN DE79710500000020140877
BIC/SWIFT BYLADEM1BGL
Verwendungszweck: Spende CDR

Für Zahlungen in **UK** bitte folgendes Konto verwenden:
Lloyds Bank
Name: Friends of Corfu Donkey Rescue
BIC LOYDGB21368
A/C No: 01308617
Sort Code: 30-90-99

Falls Sie in Deutschland eine Spendenquittung für das Finanzamt benötigen (bitte nur ab 50 €), dann überweisen Sie auf das folgende Konto und geben Ihren kompletten Namen mit Adresse an

Martina und Jürgen Bolz Stiftung
IBAN DE58500700100700780000
BiC/SWIFT-Code DEUTDEFFXXX
Verwendungszweck: Spende CDR

Für Spenden aus **anderen Ländern** lautet die Griechische Bankverbindung:
Alpha Bank
Account Name: Kerkyraiki Diasosi Onon
IBAN: GR94 0140 6800 6800 0210 1311 223
SWIFT CRBAGRAA
Donation CDR

Hier erfahren Sie noch mehr über CDR

Homepage von CDR:
www.corfu-donkeys.com

Kontaktinformation:
Judy Quinn
(0030)6947 375 992
Email: corfudonkey@gmail.com

Facebook
Englische FB-Gruppe: Corfu Donkey Rescue
Deutsche FB-Gruppe: Corfu Donkey Rescue (deutsch)

Folgende Bücher sind bereits von CDR erschienen:

FUZZY – die Geschichte eines griechischen Esels

The first 10years of
CORFU DONKEY RESCUE